ESSAI

DE

SYNTHÈSE D'HISTOIRE.

CATHOLICISME, MONARCHIE, SOCIALISME.

PRÉFACE

LA VRAIE FUSION.

Par Elie BERTON, professeur d'histoire.

NANTES.

Imprimerie de CH. GAILMARD, rue du Pas-Périlleux.

PARIS,	NANTES,
LIBRAIRIE LECOFFRE,	**LIBRAIRIE L. et A. GUÉRAUD,**
Rue du Vieux-Colombier.	Passage Bouchaud.

1851.

PRÉFACE. [1]

LA VRAIE FUSION.

I.

« Surtout, apprenez bien l'histoire, on ne saurait trop la connaître dans
» un temps où tous en abusent parce que presque tous l'ignorent. »

Ces paroles ne seront pas sans à propos au début de ces pages. Elles ont
été adressées par une mère à son fils qui allait pour la première fois loin d'elle
dans une de nos meilleures institutions du centre (2). Il nous souvient qu'après
avoir suivi un instant des yeux la voiture qui fuyait sous les saules, cette jeune
femme commenta de la sorte, en se tournant vers les témoins des adieux, le
conseil confié à la mémoire des derniers baisers. « N'avez-vous jamais fait
» un rapprochement qui me frappe toujours quand j'y songe ? C'est avec la
» Bible que Luther a battu en brèche l'Église, et c'est avec l'histoire que les
» Protestants de ce temps-ci battent en brèche la vieille France. N'en serait-il
» pas de ces novateurs comme de Luther, et de l'histoire comme de la Bible ?
» Voyez, on falsifie nos annales comme on falsifiait l'Écriture, on les jette
» par lambeaux perfidement isolés aux chaumières les plus lointaines, la
» calomnie gagne de proche en proche et accrédite les nouveaux réforma-
» teurs sous son manteau. Cependant, si nous n'avons pas pris jusqu'ici la
» nuit pour le jour, il faut que l'histoire soit la réfutation de ces faussaires
» comme la Bible est la condamnation de Luther : il le faut, car l'histoire est
» notre Bible sociale.... Vous autres, hommes bien pensants » continua-t-elle
» avec un sourire qui n'était pas sans tristesse « vous l'affirmez d'un ton très-
» grave et très-convaincu, mais je vois bien qu'il faudra que les pauvres fem-
» mes s'en mêlent pour prouver une bonne fois cette grosse vérité. »
Nous plaçons volontiers le commentaire après le conseil qu'il motive et qui
nous sert d'épigraphe. Qu'on travaille donc l'histoire, elle nous a perdus, elle

---

(1) Forcé par des circonstances impérieuses de remettre à quelques mois la publication du
travail que nous annonçons au public, nous lançons notre préface sous forme de brochure
pour prendre d'avance nos positions, en esquissant rapidement le plan que nous avons conçu.

(2) L'Institution du Dorat (Haute-Vienne)— Je suis heureux de rendre ici témoignage à
la maison qui m'a élevé. C'est à la fois, de ma part, une justice que ceux qui la connaissent
ne trouveront pas trop flatteuse, une satisfaction de cœur, et un hommage reconnaissant.

nous sauvera. Mais qu'on la travaille en se gardant de toute influence étrangère, sinon, on verra sûrement surgir au terme de son étude le rêve chéri de soi ou des siens, comme une réalité fille des siècles.

Sans doute une étude semblable n'est pas aussi facile que notre interlocutrice semblait le croire. Mais convenons que ses reproches, du moins, ne sont que trop mérités, même des hommes bien pensants. Certes, jamais la muse de l'histoire n'a été plus courtisée que dans le période qui va de 1815 à 1848. Elle se montra d'ailleurs reconnaissante : quel est l'homme nouveau qu'elle ne poussait alors à la fortune et à la gloire? Mais aussi, sauf quelques volumes clair-semés dans la foule, cherchez parmi les plus fameux, un livre qui ne soit, ou parent à quelque degré de la démagogie contemporaine au nom du progrés, ou sceptique en politique et ultramontain au nom du Catholicisme, ou enfin gallican au nom de la royauté. Ce n'est pas tout. Interrogez encore les professeurs les plus célèbres, frappez à la porte des colléges les plus vantés : quel est le professeur dont l'enseignement est pur, quel est le collége qui, soucieux de façonner des hommes à l'école des ancêtres, ne sacrifie honteusement sa mission à la réclame, en s'occupant avant tout de fabriquer des bacheliers? Cela est vrai, même un peu vrai dans les maisons chrétiennes, et l'histoire en général n'est développée avec quelque grandeur que par des interprètes dangereux. Nous le constatons avec chagrin, tandis que le mal se propage sous le charme d'une parole enchanteresse, d'excellents colléges, mesurant leurs cours à la taille d'un baccalauréat stérile, livrent à la jeunesse une masse de faits sans âme, qu'éclaire faiblement le pâle reflet d'une morale vulgaire. Ainsi, tous concourent à répandre l'erreur, les méchants en semant une ivraie abondante, les bons en exposant leurs écoliers, devenus hommes, à la tentation terrible de cueillir cette herbe trompeuse à défaut de moisson.

Dieu nous garde, nous obscur, de dénigrer le talent et le génie, et de jeter dédaigneusement la pierre à notre siècle. Metier facile et ridicule, qui semble être l'apanage, il faut bien le dire, des débutants dans la carrière. Nous ne venons point rendre la vue à des aveugles. Ce temps est plein de lumières, nous avons marché à leurs splendeurs, nous ne savons que ce qu'elles nous ont appris. Elles ont éclairé merveilleusement les obscurités de l'histoire et fourni les éléments de la solution sociale dans toute sa plénitude Mais, ces éléments sont épars et se regardent souvent comme ennemis; ces lumières, mal distribuées, se gênent dans la diffusion et produisent des ombres; l'enseignement passe à côté de sa mission; l'isolement et la guerre règnent où devraient régner l'union et la paix. Ce défaut d'ensemble et, tout à la fois, cette possibilité d'harmonie nous frappent, quand nous observons d'un regard attentif le spectacle déroulé sous nos yeux. En un mot, il y a une fusion à faire dans le domaine des opinions historiques ; cette fusion sera féconde, car elle ne sera pas une capitulation habile entre des passions opposées, mais la réconciliation des droits et des intérêts parallèles ; cette fusion est incertaine, et même compromise pour le moment. Jetez plutôt le regard autour de vous.

Trois partis se dessinent nettement, par ce que chacun a sa raison d'être : le parti Catholique, le parti Royaliste et le parti Socialiste. — Nous ne parlons point des autres pour le motif contraire. Pourquoi, par exemple, parler des Orléanistes ? Quelle est leur raison d'être dans le passé ? Leur existence, comme parti, est fatalement comprise entre deux dates, et ils ne seront jamais qu'un accident dont la véridique histoire racontera le passage éphémère dans la préface de son livre sur le Socialisme. Mais il en va autrement pour les partis signalés. Ils possèdent un fondement réel, ils vivent d'une vie propre que leur ont transmise de nombreux aïeux. L'Orléanisme, le Bonapartisme ne sont que des variétés ou des pousses abâtardies, rattachées par des fibres plus ou moins éloignées au triple tronc qui se partage toute la sève de notre histoire.

Cela est incontestable aujourd'hui... Et je prie que personne ne s'effarouche de la parité qu'on semble établir ici entre le catholicisme, la royauté et le socialisme, tandis qu'on met l'orléanisme au ban de l'histoire. Entendons-nous dès l'abord. Il y a un bon et un mauvais socialisme comme il y a un bon et un mauvais christianisme, une excellente et une détestable royauté. Personnifier le premier dans les utopies de ce temps, lui donner pour pères Fourrier, Babœuf, puis les Anabaptistes et le Vaudois, c'est comme si l'on confondait la philosophie avec Voltaire, le mouvement de 89 avec Marat, le catholicisme avec l'ultramontain fougueux ou le gallican téméraire, la droite intelligente avec l'absolutisme. Voyons les choses de haut. Le bon socialisme est fort innocent des forfaits de juin. Aspiration vers les conséquences sociales du christianisme, épanouissement complet de la morale évangélique dans les institutions par l'émancipation progressive des classes, affranchissement de toute servitude par la consécration légale de la réciprocité des devoirs, avènement de chacun au bien être selon le juste et le possible, participation de tous à la vie publique, suivant la fortune, le talent et la vertu ; le socialisme nous apparaît, dans le passé et dans l'avenir, comme le résultat lent et laborieux de l'action combinée du pouvoir et de la liberté sous la haute inspiration du Catholicisme. Voyez le soleil, il prodigue ses rayons à l'hysope comme au cèdre, il verdit l'herbe modeste comme le sapin altier, il donne largement à chaque plante une part de chaleur et de vie, toutefois, le roseau ne cesse pas d'être roseau, il ne jalouse point le chêne. Quelque chose d'analogue se passe depuis Jésus-Christ dans le monde moral Seulement ici chaque roseau pris à part peut devenir un chêne, et Dieu a confié le beau rôle de soleil au Pouvoir dont le catholicisme s'est fait le parrain et le guide. C'est bien dans ce sens que se déroule l'histoire. Nous la considérons attentivement à travers les éclipses temporaires, les infidélités du pouvoir à sa tâche. Malgré les chutes de ce soldat né du progrès, c'est bien vers ce but magnifique qu'elle tend dans son ensemble. D'abord patrimoine des forts, elle convie peu à peu les faibles au banquet social; le panorama se déploie, la lumière descend à flots, illumine es humbles vallées et condense la nuit : le monde chrétien se construit ainsi à mesure. Est-ce un rêve, est-ce un mythe ? Nous ne calomnierons pas à ce point la Providence, et, parce qu'il a plu au crime de s'emparer du socialisme, trop délaissé de ses tuteurs naturels, parcequ'il l'a flétri de son souffle et dénaturé en lui imprimant sa ressemblance, nous ne rougirons pas de la gloire la plus pure de la nationalité Française, et nous répétons que le socialisme est fondé sur la tradition comme la royauté et le catholicisme.

Il y a donc un terrain où tous les trois peuvent se rencontrer : il ne s'agirait que de rappeler les égarés dans leur voie. Mais là est le difficile, car l'amour-propre des hommes d'ordre est aussi tenace parfois que la rancune du prolétaire. Il est de mode aujourd'hui de prétendre qu'on a eu toujours raison et qu'on n'a pas besoin de se repentir. C'est pourquoi la vraie fusion est gravement compromise. D'ailleurs, peu y songent parmi les maîtres de la jeunesse, et dans les autres régions, qui prépare une fusion pareille, où sont les dévoués à cette œuvre délicate, est-ce vers elle que se porte la foule? Nous l'avons vue se consumant après une chimère. Nous avons bien entendu s'élever de distance en distance des voix sympathiques à cette noble cause, mais c'étaient des voix timides qui restaient sans écho quand elles n'étaient pas gourmandées par les sages. Un fait pourtant très-significatif s'est produit, on a vu des catholiques aller au socialisme, et des socialistes venir à la royauté. Il est peut-être spirituel de les appeler niais ou rêveurs, mais il serait juste, en sondant les richesses du cœur et de l'intelligence de ces hommes, de reconnaître dans ce fait un symptôme du besoin que je signale. Quoi d'étrange que les âmes d'élite gravitent vers le vrai des points les plus divers, quoi d'étrange que les lambeaux dispersés de notre nationalité se recherchent et s'assemblent à la lueur de l'histoire ! Notre ferme espoir, c'est qu'un jour viendra où tout catholique de ce pays sera royaliste, et tout royaliste bon socialiste.

Mais enfin nous n'en sommes encore qu'aux efforts partiels, les partis ne bougent pas, ils sourient de pitié à l'élan des intelligences exceptionnelles vers les horizons qu'elles soupçonnent, et vers lesquels, souvent un peu à l'aventure, elles s'envolent à tire-d'aile. Il est important de préciser les positions respectives des trois partis en présence. On comprendra mieux notre synthèse — leur fusion d'après la philosophie et l'histoire — quand on embrassera du même coup-d'œil ce qui les sépare et ce qui les unit aux jours où nous sommes.

II.

On sait sous quelles influences est né le parti catholique (1) La foi se mourait, la morale aussi, la France de l'Université et du roman grandissait, encore quelques années et c'en était fait de la France religieuse. De là une croisade, de là le parti catholique.

Pour atteindre au but convoité il fallait un moyen, on s'arrêta à la liberté d'enseignement. Pour obtenir le moyen il fallait une politique, on chercha cette politique. En définitive, elle devait tendre à se rendre favorable le gouvernement dont tout dépendait. Or le gouvernement avait des ombrages, l'autel lui semblait solidaire du trône croulé. Pour dissiper les ombrages, on brisa avec ce trône, on en répudia la cause, je crois même qu'on en légitima la chute.

De cette rupture à l'indifférentisme politique le chemin était court, il fut franchi d'un bond. Indifférente à des formes changeantes par nature, l'Église, dit-on, accepte les faits accomplis, elle ne demande que la liberté.

Il fallait prouver une doctrine si peu connue de l'Église de France : on en appela aux apôtres, les premiers siècles, assignés comme témoins, déposèrent que le Christianisme s'était fondé de lui-même, au bruit de toutes les ruines, en obéissant à César quel qu'il fût. Il fallait une règle pour discipliner l'acceptation du fait accompli : on regarda vers Rome, la reconnaissance diplomatique par le Saint-Siége du fait nouveau devint la règle permanente.

De là à l'ultramontanisme le chemin aussi était court. L'ultramontanisme d'ailleurs, n'est-ce pas sous un autre aspect l'indifférentisme politique ? Ce chemin fut encore franchi, et les prétentions, excitées jadis par des prétentions contraires, furent presque exhumées de leur tombe.

L'indifférentisme, ou mieux, l'acceptation du fait de Juillet en vertu de l'ultramontanisme, telle fut la politique du parti pour obtenir la liberté de combattre à armes égales l'éclectisme doublé du roman.

L'avance à la révolution était palpable, mais l'avance coûtait cher. Séparer la France de Remy de la France de Clovis, déchirer en deux la nationalité française pour se rapprocher de la bourgeoisie, quel sacrifice ! quand surtout il fallait retrograder jusqu'à l'incubation des temps modernes pour le colorer

---

(1) On comprend qu'il s'agit uniquement du parti qui s'est formé sous ce nom dans la presse et dans la politique.

d'une apparence de justice! Etait-ce simplement tactique à l'origine comme quelques-uns l'ont prétendu? Quoi qu'il en soit, la tactique se transforma bientôt en la doctrine que nous savons : on va vite sur la pente où l'on s'engage : depuis le parti a perdu la foi politique, et, chose à remarquer, il a été orléaniste, il est indifféremment bonapartiste, républicain, socialiste, il ne peut redevenir franchement royaliste.

Examinons de plus près la rupture dont nous parlons. S'il existe entre les deux fractions de l'ancienne France des rapports intimes, le divorce sera contre nature, il devra cesser. Or ces rapports existent, nous le démontrons directement ailleurs. Oui, l'avenir du catholicisme en France dépend de la restauration royale, comme le maintien de cette restauration dépendra du triomphe du catholicisme. Oui, l'humanité actuelle étant donnée, de même que l'impiété génèrera partout et toujours la révolution, celle-ci sera partout et toujours le moyen de propagande de l'impiété. De plus, le tempérament d'un peuple n'est pas chose si légère que, par exemple, une bulle papale puisse le transformer comme par enchantement. La personnalité du droit national, avec ses conséquences pratiques, est une vérité qui tient de plus près qu'on ne pense à l'existence même de la raison. Mais ces questions appartiennent à notre synthèse. Nous devons nous contenter pour le moment de glaner çà et là aux environs de la politique du parti catholique, sans l'aborder de front, des indices qui prouvent contre elle. Aux fruits on peut juger l'arbre, le proverbe dit bien, jugeons l'arbre à ses fruits.

On s'allia donc avec la bourgeoisie. La bourgeoisie d'alors c'était la révolution incarnée, c'était encore la personnification du mouvement qui emportait la France sur la mer sans rivages du doute. On en convient. La parenté des novateurs religieux et des novateurs politiques est désormais le pont aux ânes de la philosophie de l'histoire ; il n'est pas un novice en journalisme qui ne puisse bâtir avec avantage sa thèse de début sur ce thème. Aussi la bonne entente de la bourgeoisie avec le protestantisme n'était-elle un mystère pour personne; celui-ci gagnait du terrain en plein jour. L'éclectisme laissait faire, il considérait la réforme comme son pionnier d'avant-garde... Et ce fut alors que le parti catholique arbora les couleurs politiques de l'éclectisme, du protestantisme et de la bourgeoisie pour mieux les convertir à la foi!

Ainsi la guerre projetée débuta par un traité d'amitié. Ce traité était une ruse, je le sais, mais quelle ruse! Que poursuivait l'éclectisme sous le drapeau de l'indifférentisme politique? Le catholicisme, sans doute. Et le catholicisme se rangeait sous le même étendard pour détruire l'éclectisme! N'était-ce pas accepter les armes de son rival, n'était-ce pas lui abandonner étourdiment l'avantage du champ et du soleil? Que ce fût chevaleresque, que ce fût même habile, plusieurs le crurent, à force que cela paraissait téméraire, mais le bon sens n'y comprenait rien. Comment la même politique peut-elle être utile à tout le monde dans des causes si opposées? voilà l'insoluble question que s'adressait le simple provincial qui examinait le spectacle à distance, et non-seulement il ajoutait « nécessairement on se trompe quelque part » mais encore il affirmait, en branlant la tête, « que les trompés n'étaient pas les éclectiques. »

Il y a en effet dans ce rapprochement un enseignement qui brille comme le ciel. Qu'on veuille y réfléchir, le scepticisme politique, pour l'éclectique, n'est pas une théorie à part, sans père ni postérité; c'est simplement une portion, même une portion secondaire, d'un vaste système qui enserre l'Église, comme l'État, dans son réseau. Pour le catholique, au contraire, c'est un hors-d'œuvre sans autre liaison avec la foi que le gros anachronisme dont il a fait malencontreusement un dogme. Sceptique en politique, le catholique est croyant en matière religieuse; l'éclectique, lui, est partout railleur, du moins il est partout pour le fait accompli. De quel côté est la logique? Voulez-vous vous en convaincre? Ouvrez tout ce qui a paru d'irréligieux et de révolutionnaire dans la littérature, depuis Luther. On a écrit que les temps précurseurs du Christ furent comme une toile où chaque patriarche, chaque prophète qui passait, donna son coup de pinceau au portrait divin que les siècles achevèrent en se suivant. Il devait en être de même pour le Messie nouveau. Les monuments, auxquels on fait allusion, sont les grandes lignes de sa figure; point de confusion, les traits sont esquissés à mesure dans un ordre parfait : la réforme d'abord engendra le scepticisme religieux, tous les deux produisirent la révolution, tous les trois générèrent l'indifférentisme politique. La chronologie indiquée est rigoureuse. On niait l'Église, la nécessité divine de sa constitution, de sa permanence, on prêchait l'égalité entre les cultes, entre Platon et Jésus, quand encore on affirmait le roi. On n'attaqua que dans la suite la nécessité morale de maintien du gouvernement traditionnel, on ne prêcha que plus tard l'égalité entre la République et la Monarchie. Le moment de l'éclectisme était alors venu, l'esquisse était complète, il n'y avait plus qu'à l'animer, c'est-à-dire qu'il n'y avait plus qu'à réunir en corps de système l'indifférentisme religieux et l'indifférentisme politique. C'est ce que fit l'éclectisme avec l'aide de l'optimisme historique. Est-ce qu'il serait autre chose qu'une tente hautaine dressée sur tous les débris pour offrir le rendez-vous de la fraternité à toutes les attaques contre Dieu et le roi? Est-ce que l'optimisme historique ne serait pas le panthéon de tous les vices et de toutes les erreurs? Ne dites pas que le vrai s'y trouve à côté du faux. Le vrai, en tout cas, ne saurait être la conséquence du faux : or l'éclectisme n'est arrivé à l'indifférentisme politique qu'en passant chez son voisin le scepticisme religieux.

Il était donc sur son propre terrain, et c'était lui abandonner toutes les chances de la bataille que de confesser son *credo* politique. Le provincial avait raison, le parti catholique se trompait étrangement, il devait ne retirer aucun fruit de son imprudent sacrifice.

Nous en appelons à de récents souvenirs : le catholicisme a-t-il profité à l'alliance qui accouplait la foi avec l'impiété, le dévouement avec l'égoïsme, la franchise avec la rouerie, sous une devise empruntée au progrès humanitaire ? Mon Dieu, la lumière abonde sur ce point. Prenons à partie la fraction décidément ultramontaine, et mettons-la face à face avec l'éclectisme.

D'abord abusé par les promesses de l'éclectisme, le parti catholique ne tarda pas à être affaibli par ce trompeur. En effet, attiré par lui sur le champ de l'indifférentisme, il sentit le besoin de chercher une raison d'être à l'ordre dont il avait l'instinct. Le point de départ de ses investigations étant l'erreur, elles devaient aboutir à l'erreur : elles en atteignirent d'une traite les dernières limites, en résumant tous les droits, sans distinction, dans le droit de la chaire de Pierre. C'était absorber l'État dans l'Église, l'homme dans Dieu, c'était effacer la raison parce que la révélation existait, et poser les bases du panthéisme historique. On n'y pensa point, et, fier d'avoir trouvé un frein à l'anarchie, le cœur léger, l'esprit souriant, on enfourcha le dada ultramontain, malgré les clameurs.

Or que faisait l'éclectisme ? Il exploitait habilement les fautes commises avec candeur, il montrait la connexion qui rattache l'indifférentisme religieux à l'indifférentisme politique. Faire fête aux dynasties qui se succèdent en se renversant, ou applaudir à chaque culte qui se lève, n'était-ce pas la même chose sous des noms divers ? L'éclectisme le disait équivalemment ; il sapait ainsi les droits du christianisme, et il ne laissait debout que ceux de la raison. C'était absorber l'Église dans l'État, Dieu dans l'homme ; c'était effacer la révélation parce que la raison existait, et courir au naturalisme. L'éclectisme ne demandait pas autre chose : le naturalisme était son culte, sa politique, son but.

Naturalisme et panthéisme, voilà le Charybde et le Scylla que l'œil le moins exercé voit surgir du milieu de l'indifférentisme. Maintenant, vers lequel des deux se pressaient les sceptiques en politique, lequel exerçait sur eux l'attraction la plus efficace ? Hélas ! ce n'était pas la doctrine ultramontaine ! Elle rebutait loin de charmer, et pour fuir ce pédagogue sentencieux et chagrin, on se laissait aller sans peine aux attraits terrestres de l'éclectisme. Lui seul avait beau jeu, parce que, seul, il personnifiait les préjugés de ceux qu'on voulait séduire. Les passions des classes moyennes formaient autour de Charybde comme une ceinture de Sirènes, la bourgeoisie ne savait résister aux voix douces qui parlaient ses instincts, elle tombait dans le gouffre, et Scylla restait solitaire. C'est que la fraction ultramontaine se trompait de date ; le moyen âge était loin, la chevalerie n'était plus, sa politique était un rêve entre deux fantômes. L'esprit raisonneur, égoïste et sensuel du temps se défia de l'hameçon sous lequel on déguisait la rude morale du Calvaire, il se dit : « Ou l'ultramontanisme ne croit pas au drapeau politique qu'il déploie, ou il n'a raison qu'à demi, l'éclectisme a raison tout-à-fait. » Le raisonnement était juste. Le scepticisme politique demeura donc le vestibule de l'indifférentisme religieux, et l'ultramontanisme en fut pour ses frais.

Qu'on ne demande donc plus de quel côté est la logique dans ce camp singulier où se coudoient fraternellement des révolutionnaires de toute nuance et des catholiques ardents. Qu'on ne soit donc plus surpris si la liberté rêvée n'avait pas gagné un pouce de terrain quand arriva février. Elle ne pouvait pas moralement aboutir, les circonstances étant données. Des applaudissements frénétiques, des succès de tribune, de chaudes promesses de coulisse, c'est tout ce qu'on recueillit. Pauvre monnaie qui rappelle celle du *malin* de nos vieux contes ! Les pupitres se souvenaient encore de l'enthousiasme des couteaux de buis, qu'on n'y songeait déjà plus chez nos hommes d'état. On entendit même une bouche auguste s'écrier un jour sous l'importunité d'une sollicitation trop pressante : « La liberté d'enseignement ! *ils ne l'auront jamais.* » Pourquoi ? La raison en est simple. L'établissement de juillet, avec les meilleures intentions du monde, était solidaire des hommes qui l'avaient fondé, des idées qui l'avaient poussé à la fortune. Or, on sait si ces idées étaient catholiques. Que pouvait donc accorder l'établissement de juillet ? Rien, sous peine d'être abandonné des siens, aux intrigues de ses rivaux.... à moins qu'il ne se sentît le courage de protéger l'autel aux dépens de sa couronne. Ce courage, il ne l'avait pas. Aussi le parti ultramontain eut beau faire. On profita de son bon vouloir du moment pour affaiblir les royalistes, mais on le regarda toujours comme un allié étourdi, déserteur de son drapeau, on craignit de s'amoindrir en le rendant fort contre les philosophes, on crut, en un mot, qu'un état humble convenait seul au catholicisme sous une monarchie révolutionnaire. Rien n'ébranla cette croyance ombrageuse, ni votes ministériels, ni boutades contre la royauté. Tandis que la liberté fuyait devant le parti en le tentant comme un mirage moqueur, l'établissement de juillet continua d'être la forteresse de l'éclectisme et du roman. La démoralisation multiplia ses assassinats moraux. La France de Rémy et de Chlotilde haletait éperdue sous ses étreintes que les ultramontains s'égaraient encore après une ombre. Oh ! qui n'a gémi profondément sur cet aveuglement obstiné ! Les constellations de juillet s'étonnèrent elles-mêmes, en voyant ces comètes dévoyées promener leurs splendeurs errantes dans un ciel inconnu, et les roués de ce régime en sourirent tout bas.

Que ces aperçus rétrospectifs suffisent : l'arbre a montré ses fruits, l'arbre est jugé : l'indifférentisme n'est pas évidemment une politique catholique. Nous nous abstiendrons d'en poursuivre la démonstration extérieure ; nous ne rappellerons pas ce qui suivit 1848, les aventures des ultramontains républicains, les perplexités des ultramontains bonapartistes ; nous ne demanderons pas s'il est vrai, qu'on puisse être orléaniste, démocrate, impérialiste, et quelque chose de plus, précisément an nom du Catholicisme ; nous ne nous étonnerons point qu'on fasse de la sorte servir à prolonger les dissensions le pacificateur des peuples, en permettant à chacun de se targuer de son appui. Mais nous disons humblement aux catholiques qui liront ces pages « Vos déceptions » vous ont appris ce que vous devez attendre des révolutionnaires et des » ambitieux : puisse cette leçon vous servir ; puissiez-vous comprendre que » les royalistes sont vos alliés naturels, que le trône légitime est le *seul* » *moyen français* qui coopèrera franchement à votre œuvre ! Il s'agit du » bonheur de la France : vous le tenez dans vos mains. La solution, en » effet, sortira du scrutin populaire : or, Dieu merci, les votes catholiques » sont assez nombreux pour faire pencher la balance du côté de leur choix. » Avis à ceux qui se posent comme nos guides, et venons au parti royaliste.

III.

Ce parti représente la tradition politique de la France ; il croit à la nécessité du maintien de cette tradition ; il est dévoué sincèrement à son développement. Il serait l'avant garde de l'armée qui fournirait la campagne de l'avenir dans le sens de l'histoire.

Il naquit, on s'en souvient, au sein d'une lutte immortelle. La lutte d'un principe renversé contre un fait dominateur, de la faiblesse contre la puissance, de la morale contre l'épée, de l'esprit chrétien contre le paganisme. L'empire, réaction à quelques égards contre la révolution, sous un certain aspect était le couronnement de ses idées païennes. La figure de l'ancienne France s'était transformée trait pour trait, la France n'était plus. C'était quelque chose comme la Rome des premiers Césars, moins l'hypocrisie d'Auguste et le luxe des lettres, plus beaucoup de la politique de Sévère et une abdication platement absolue de la liberté. Cette métamorphose s'était accomplie au son de la trompette, ayant pour langes un drapeau et pour parrain un génie. Cependant le plagiat païen se dissimulait mal sous la gloire, le génie de l'antiquité se trouvait dépaysé au sein de l'Europe chrétienne. Malgré tout il voulut ramener le monde à sa pensée.... il fit des victimes, il fit un matyre ! Mystérieuse puissance du sang innocent ! l'heure des fossés de Vincennes marqua l'heure de la régénération : un autre génie se leva du milieu des ruines : c'était le *Génie du Christianisme*. Il souffla sur la France engourdie, elle se ranima, elle secoua ses oripaux romains : la tradition se renouait, la lutte recommençait entre la France de Saint-Louis et la France du progrès : la patrie venait de retrouver une plume, une voix et une lyre. Gloire à cette plume, à cette viox, à cette lyre, gloire à ce génie réparateur et vengeur ! Qui ne répeterait son premier cri, ne partagerait sa première affection, ne jurerait son premier serment : Dieu, la Liberté, le Roi ! Triple rêve qui berça son enfance, triple amour qui devait dévorer sa vie toujours pleine de ses jeunes ardeurs; rêve, amour qu'il traduisait par ce mot si beau, le seul sans synonyme dans son riche langage : PATRIE !

Ce génie, ce fût Châteaubriand. On dirait que l'ange de la France le prit des le berceau pour s'identifier avec son âme. La foi, la fidélité, l'indépendance, l'enthousiasme qu'il avait inspirés jadis aux troubadours, aux communes, à nos barons, à nos chevaliers... il lui donna tout cela : il enflamma sa croyance aux croyances du croisé, il forma son esprit des idées progressives écloses dans les temps divers, il pétrit son cœur des instincts généreux qui avaient battu sous toute poitrine, il fit de son imagination le parterre de cette littérature du moyen âge si chrétienne et alors si ignorée. Ainsi, il faisait de lui la synthèse harmonieuse des éléments civilisateurs disséminés à chaque coin de l'histoire, le point culminant où toutes les traditions venaient se condenser, pour prouver aux incrédules leur union fraternelle en n'animant plus qu'une âme, un cœur, une lyre. Enfin, Châteaubriand fut le résumé vivant de notre nationalité, l'ange de la France fait homme ! Quelle émouvante scène il déroule aux yeux du penseur, du seuil de l'ère contemporaine, en face d'une tyrannie qui ravalait le prêtre au rang du mercenaire, qui parquait l'intelligence dans les sanctuaires classiques, en face du régime corrupteur qui la suivit jusqu'à nous dont les plus jeunes l'ont connu ! Quelle preuve touchante de la sollicitude du Ciel sur notre France chérie ! Comme sa mission se dessine nettement, trace en rayons lumineux par le contraste de l'anachronisme païen appelé l'empire ! Oui : Dieu ne crée pas en vain le génie; Châteaubriand ne fut point le magnifique caprice d'un de ses loisirs: il fut sa protestation dans l'humanité contre les lettres païennes, l'anarchie, l'esclavage, l'hérésie, la raison orgueilleuse: il fut le moule dans lequel Dieu voulait jeter la France, — lui l'image de la tradition en progrès, le rendez-vous animé de toutes ses forces vitales — pour que, marquée de son sceau, la croix sur l'épaule, la royauté pour guide, elle s'élançât, dédaigneuse d'Homère, au chant des bardes chrétiens, à la conquête de la liberté sa terre promise. Telle fut la mission de Châteaubriand, telles sont aussi les obligations de la France. Ah! qui donc refuserait de courir sur ses pas ? La noblesse ou la roture, le royaliste ou le républicain, l'homme de lettres, le catholique peut-être ? Eh! n'était-il pas gentilhomme et populaire, libéral et monarchiste,

catholique et poète? Qui a le sang plus rouge que lui et qui est plus que lui démocrate? Qui aime mieux son Dieu et qui est plus dévoué à son roi? La bonne
intelligence de ces qualités diverses sons une personnalité unique est, sans
contredit, la réfutation providentielle de ces catholiques dissidents, de ces
ombrageux libéraux et de ces petits gentillâtres qui, rétrécissant la perspective
à la portée de leur coup-d'œil, sifflent le génie planant à ciel ouvert, parce
qu'ils n'apperçoivent que le bout de l'horison où se cantonnent leurs intérêts
mesquins et exclusifs. Pauvres niais! qui appellent *contradiction* son plus beau
titre de gloire. Pauvres aveugles! qui crieraient volontiers au soleil que, puisqu'ils ne voient point, sa lumière est obscure : passez, passez vite, aristar-
ques importuns. Châteaubriand est comme les hautes montagnes qui écrasent
les piétons s'agitant à leurs pieds, et ne révèlent qu'à l'observateur lointain,
leurs paysages variés, leur front voisin du ciel. Plus on s'éloigne du colosse,
mieux on le voit, plus on l'admire. La variété de ses couleurs fait ressortir
l'unité de son caractère, loin de la briser. Mais mieux on le comprend, plus
on se sent impuissant à le peindre, il faudrait au moins sentir dans son âme,
comme un écho affaibli de chacun des dons qui composent cette unité mer-
veilleuse. Téméraire que je suis! j'abandonne à la hâte mon pinceau novice,
et je n'admire plus qu'en baissant les yeux : le petit oiseau salue le jour, mais
sous une feuille ou du creux d'une touffe d'herbes.

Ainsi, *catholicisme, monarchie, liberté*, tel fut dès l'origine le symbole du
parti royaliste. Restait à préciser clairement la route qui conduit en France du
catholicisme à la monarchie et de la monarchie à la liberté. Châteaubriand, à
vrai dire, s'en était peu préoccupé. Son rôle, à lui, avait été de signaler le
but, d'y voler, de s'enivrer à ses clartés, sans tracer de sillon. A d'autres la
tâche de creuser un chemin qu'il ignorait lui-même, et de faire des intuitions
du génie le patrimoine du vulgaire. Tâche délicate et périlleuse dont dépend
encore notre bonheur ou notre malheur. Comment le parti royaliste l'a-t-il
comprise? nos sympathies sont trop transparentes pour que notre langage ne
soit pas l'expression affaiblie de nos convictions.

Rejetant comme un vêtement d'emprunt le privilége et le népotisme, le
parti royaliste marche du côté de la liberté, il l'aime, le voici qui la réclame
comme sa compagne, qui met la légitimité de son droit sur la ligne de la
légitimité du droit du roi, avec laquelle il sait l'unir, sans les confondre, dans
des formules heureuses. Nous le croyons sincère sans effort. Ce serait si insensé de penser en cette matière le contraire de sa parole! Nous n'applique-
rons donc pas, comme certains, l'oreille au trou de la serrure pour surprendre
le vague soupir de quelques espérances refoulées.

Battons plutôt des mains à la profession libérale qui s'est produite au
grand jour, et élevons le parti, sur ce point, à la hauteur de sa tâche. Mais

il en ira autrement si nous le considérons dans ses relations avec le catholicisme.

Sans doute celui-ci à les préférences, même les préférences officielles des royalistes, durant le feu de la bataille à la tribune ou dans la presse. Mais si l'on parle beaucoup de politique chrétienne, dans le calme, on parle assez rarement de politique catholique. Cela, si s'était tout!, ne pourrait que faire hocher la tête aux susceptibles. Ce qui est plus grave, ce qui fixe le sens de cette capitulation de langage, et nous fait peur, c'est la mise en scène à dessein d'une doctrine étrange sous une plume royaliste et religieuse, puisqu'elle est avant tout la cause de la décadence de la royauté et de l'Église de ce pays. Il ne s'agit pas du gallicanisme dont l'allure plus fanfaronne que factieuse, sera caractérisée bientôt comme il convient. Il s'agit d'une doctrine autrement désastreuse, parce qu'elle a son application en tout lieu, à chaque heure qui s'écoule, et qu'il n'est donné à personne d'en restreindre la portée fatale du moment qu'on la range parmi les principes civilisateurs. Essayons d'en faire toucher du doigt le danger au point de vue royaliste et français, nous la nommerons ensuite avec plus de chance de moins exciter les clameurs.

Le catholicisme (1) n'est pas simplement un code mystique, bon a consulter à certains jours dans des temples hors desquels il pourrait bien n'en plus être question, c'est une réalité sociale. Ce n'est pas une révélation à huitclos, une abstraction confiée à la mémoire de quelques-uns, c'est une partie intégrante de la création, c'est la moitié de l'homme que Dieu a formé, qu'à réparé et achevé le Verbe. Enfin, le catholicisme est de ce monde, il a pris chair, outre son côté divin il a une face humaine qui le soumet au droit commun : c'est un fait comme les autres faits humanitaires. Ce n'est pas assez, outre ces traits généraux qui le font de l'humanité, qui lui procurent le bénéfice des lois qui la régissent, le catholicisme s'est identifié avec chaque nation, il en a revêtu la physionomie propre : il s'est fait français, italien, espagnol, tout en demeurant le catholicisme, c'est-à-dire, la doctrine universelle, toujours semblable à elle-même ; il est devenu l'un des faits qui composent l'essence de chaque nationalité ; il est placé par conséquent sous la sauvegarde des lois morales qui les défendent contre l'injure du crime ou du temps : il est, en un mot, le plus important, le plus ancien, la pierre angulaire des *faits légitimes*.

Qu'est-ce, en effet qu'un fait vraiment légitime ? C'est le produit spontané de la nature d'un peuple, accepté, sanctionné par des siècles, si bien qu'il est maintenant un des éléments indispensables à la personnalité de la nation qui

---

(1) Nous entendons ici par catholicisme le côté surnaturel de la création que J.-C. a développé par sa doctrine.

l'a vu naître. Eh bien! si la royauté est un des éléments de la nationalité française, l'Église gallicane l'est à plus forte raison. Si cette royauté a le droit de se mettre à l'abri des coups de main, de détruire, une fois restaurée, les institutions vicieuses, ce bouclier des vaincus, lesquelles pourraient entraver sa marche, l'Église gallicane jouit des mêmes prérogatives, l'Église gallicane peut et doit exiger que la législation ne contienne point le germe de sa chute. Elle a une raison d'être, par son essence, dans la création même de l'homme, la preuve de son opportunité dans la nature déchue, elle a été acceptée comme un fait nécessaire à toujours, elle florissait chez les Francs, quand la royauté n'était encore qu'une ombre, au titre de la plus sacrée des institutions nationale : légitime par l'origine, légitime par la durée, elle peut prendre hardiment le pas sur les faits légitimes, elle les dépasse de la tête ; elle peut menacer hardiment les contempteurs de son droit de tous les orages qu'on fait gronder au-dessus des rétardataires de la fusion.

Que ferait donc valoir le royaliste dans sa cause que le catholique ne puisse invoquer dans la sienne? Au point de vue français, leurs positions ne sont-elles pas parfaitement analogues, leurs droits parfaitement identiques? Si notre nationalité suppose un trône, c'est un trône catholique avant tout, comment donc restaurer ce trône sans restaurer le catholicisme? Si la négation du droit du comte de Chambord ébranle les institutions nationales, comment donc la négation du droit de l'Église gallicane n'ébranlerait-elle pas jusqu'au fondement le trône relevé des Bourbons? Comprendrait-on que des royalistes s'élevassent contre les faits accomplis, au préjudice de leurs droits, tout en maintenant les faits accomplis au préjudice de ceux de cette même Église? Quoi! le parti catholique ne peut pactiser avec la révolution sans provoquer les colères ou les dédains du parti royaliste, et celui-ci pactiserait avec l'hérésie, le schisme, l'impiété! L'existence des cultes rivaux serait-elle plus rationnelle, plus française, que l'existence des orléanistes, des bonapartistes? Le catholicisme, le protestantisme, le judaïsme vivront ensemble, côte à côte, ce sera un progrès, le triomphe de la civilisation nationale peut-être, et les fractions politiques ne sauraient se disputer le pouvoir, ce serait une anarchie? Le soutenir, quelle contradiction flagrante! Les faits légitimes doivent produire chacun les mêmes résultats, bons ou mauvais, suivant qu'on les maintient ou qu'on les renverse ; ils doivent être tous au-dessus du caprice populaire, ou y être tous soumis. Cela posé, il faut raisonner de l'Église gallicane comme du trône des Bourbons, ou bien la polémique du parti royaliste contre ses adversaires n'est qu'une comédie jouée par une intrigue.

Or, le parti royaliste raisonne-t-il, en cette matière, comme il convient? Il est catholique sans doute, très-catholique, nous l'avons dit, mais l'est-il au même titre qu'il est royaliste? De bonne foi, non.

Il flétrit la Ligue, il honore les compromis religieux, la politique des ministres à soutane rouge, le traité de Westphalie; il inscrit enfin en tête de son programme la liberté des cultes, puisqu'il faut l'appeler par son nom. Qu'a été la Ligue? Le véritable parti légitimiste de son temps. Qu'ont été les compromis religieux? La reconnaissance plus ou moins explicite de l'égalité entre les cultes ennemis. Qu'a été la politique des cardinaux-ministres? La complice armée à l'extérieur du calvinisme qu'elle écrasait en France, l'alliée du protestantisme contre la catholique Autriche, la signataire du traité de Westphalie. Qu'a été le traité de Westphalie? La liberté des cultes légalisée. Qu'est-ce donc que la liberté des cultes? La consécration du droit révolutionnaire en religion, l'acceptation du fait accompli contre l'Église, par conséquent la sujétion du culte national au caprice d'une génération quelconque. C'est-à-dire que le traité de Westphalie, en l'inaugurant, inaugura en face du droit chrétien, traditionnel, héréditaire, un droit à tendances opposées, le libre examen, la souveraineté de la raison, l'omnipotence des masses. Légalement, chez les nations consentantes, la volonté arbitraire remplaça la règle, la loi du nombre celle des aïeux : un monde nouveau commençait, la chute des gouvernements légitimes était à mi-chemin, la démagogie était au bout.

Ainsi le parti royaliste ne raisonne pas comme il devrait. Lui, si logicien quand il montre la filiation de 1848, par exemple, s'arrête quand il faudrait déchirer d'une main hardie le pacte fatal, cause de toutes nos ruines, et il défait le lendemain la trame qu'il a tissée la veille, il n'avance point, ou plutôt, du premier pas il court à la dernière chute. S'il acceptait la liberté des cultes comme un fait déplorable, s'il la maintenait comme tel, vû le malheur du temps, ce serait juste, ce serait sage, nous n'attaquons point la liberté des cultes à ce point de vue. Mais nous ne voulons point qu'on l'accepte comme un droit, comme une conquête du progrès, et que par des concessions imprudentes on engage l'avenir. Nous ne le voulons point au nom des intérêts de la royauté dont on creuse la dernière tombe, nous ne le voulons point au nom du catholicisme, et, ultramontanisme à part, nous nous isolons d'une politique désastreuse, en criant aux royalistes ce qu'ils crient eux-mêmes à la révolution : *Non possumus*; nous ne le voulons point, parce que nous ne reconnaissons pas de droit à l'erreur, en quelque matière que ce soit, religieuse, gouvernementale ou enseignante.

Je ne combats point un fantôme. La politique dont je signale l'écueil existe certainement chez beaucoup de royalistes. Il est opportun d'en rappeler les progrès à travers l'histoire pour que la vue de son ensemble rende évidente notre conclusion pratique.

Cette politique n'est pas nouvelle, car elle remonte au soufflet appliqué sur la joue du pape Boniface. Elle eut deux tendances marquées dès l'origine : d'une part elle chercha à s'affranchir d'une surveillance onéreuse à l'ambition, de l'autre elle travailla à s'assujétir la liberté. Ces deux tendances allaient en définitive au même but, à l'absolutisme : on n'attaquait le Pape que pour se grandir aux dépens des droits populaires.

Pour se débarrasser de Rome, elle s'appuya, chose habile, sur la liberté qu'elle devait amoindrir. Favorisée par le trône, séduite par des avantages qu'elle avait sous la main, celle-ci ne songea pas à ce qu'elle perdait pour l'avenir, et elle soutint les rois contre les papes. Il arriva alors ce qui est écrit dans les plus minces manuels d'histoire : le Pape céda la place au roi et le catholicisme au trône dans la politique moderne : par un renversement étrange, on s'occupa surtout des intérêts des monarchies, de la prépondérance temporelle des nations, dans les transactions des peuples ; les questions religieuses devinrent des moyens de s'agrandir et d'abaisser des rivaux, au lieu de rester le mobile d'action de l'Europe chrétienne. Il est tellement certain, que la France se trouva un jour plus royaliste que catholique, que, pour plaire à Louis XIV, elle ramassa, parmi les chicanes parlementaires, le gallicanisme, qui, par ce qu'il disait et par ce qu'il ne disait pas, soumettait la chaire de Pierre à un concile, tandis qu'il élevait le trône au-dessus de la volonté populaire. Il résulta donc de cet amour effréné pour le roi, qu'on ne craignit point d'abaisser devant lui la Thiare, comme on n'avait pas craint d'abaisser le catholicisme en poussant au traité de Westphalie.

Mais pour arriver à l'absolutisme, il ne suffisait pas de dépouiller Rome de son ancien prestige, d'enlever aux peuples leur défenseur, il ne suffisait pas de gagner des victoires au dehors, d'humilier ses ennemis au travers des terres sacrées de l'Église, il fallait façonner à l'intérieur la liberté à l'abnégation politique. L'appoint prêté à la bourgeoisie avait porté les plus rudes coups à la féodalité. Quand la noblesse, décidément vaincue, eut échangé contre les charges de cours ses tourelles menaçantes, le trône lui laissa assez de priviléges pour brider la liberté populaire qu'il avait lui-même grossie, et contenant l'une par l'autre, il s'éleva, radieusement absolu, au-dessus de toutes les deux dans le magnifique règne de Louis XIV. L'absolutisme, du reste, s'établissait partout, et partout la liberté payait les frais de la rupture des liens politiques qui avait émancipé les monarchies de la Papauté.

Cependant un pareil état de choses ne pouvait durer. En passant sur le corps au catholicisme, en le chassant de ses positions, en niant l'immutabilité de son droit, le pouvoir avait montré à la liberté la route à suivre, la réaction démagogique était dans la nature des choses. Le jour approchait en effet où, étouffée sous le trône, elle allait le soulever et le renverser en poudre dans une explosion terrible. La liberté des cultes fut l'étincelle qui alluma l'orage. Elle enfanta le philosophisme, on sait le reste. Insensé! l'absolutisme se faisait encore un jeu des droits sacrés des peuples, il écrasait la liberté sur les champs de bataille de la Pologne expirante, quand cette liberté dressait, pour ainsi dire à la même heure, l'échafaud de Louis XVI! Le hurlement des régicides répondit au canon liberticide des Russes. (1)

Eh bien! quelle est la morale qu'on doit tirer de cette page d'histoire? Elle est claire, selon nous. Ce qui ressort de la leçon que la Providence donne à ce pays depuis deux siècles, c'est ceci : le comte de Chambord sera le bras droit du catholicisme en France et au-dehors, ou bien, il ne sera qu'un expédient, il passera comme 1830. En vain il admettrait le principe de la liberté des cultes, sans y croire. Les positions prises officiellement sont plus fortes que les volontés. Louis-Philippe croyait-il à la souveraineté du peuple qu'il avait proclamée, ne se proposait-il pas de rétablir l'hérédité au profit des siens? Il lutta 18 années contre sa fortune, et la révolution le roula dans ses flots!

Puisse notre Henri le comprendre! Puisse-t-il ne pas accepter l'héritage de ses pères sans un inventaire raisonné! Le moment est peut-être venu où le roi de Bourges va reconquérir sa couronne : puisse Jeanne d'Arc le conduire à la vieille basilique où le sacre symbolisait l'union du trône et de l'autel! Ah! nous voudrions que le descendant de saint Louis se rencontrât avec le glorieux Pie IX sur le tombeau des apôtres, et que là, à la face de la terre, ces deux martyrs de leur principe renouvelassent solennellement le pacte fondamental de la patrie! sûrs que nous sommes que si la stabilité de la restauration temporelle du Saint-Siège dépend de la restauration des Bourbons, celle-ci ne se maintiendra qu'autant qu'elle sera le soldat dévoué du catholicisme. Pour rétablir l'ordre, il faut qu'elle rentre elle-même dans l'ordre; il faut qu'à l'extérieur elle cherche à ramener l'Autriche, l'Espagne, le Portugal et l'Italie vers un système d'alliance qui les arrache à l'influence de l'hérésie et du schisme couronnés; il faut qu'à l'intérieur elle prenne sa place au second rang, au-dessous de l'Église gallicane, au-dessous de la papauté dont celle-ci n'est qu'une des filles nombreuses; il faut du moins qu'elle le veuille ouvertement. Cela n'est point incompatible avec le premier article gallican que nous approuvons fort — Tel est le langage de la raison et de l'histoire. Au-delà et en-deçà il n'y a qu'erreur et folie. Encore une fois, puisse le comte de Chambord le comprendre, si l'avenir prochain en fait un roi! Mais si notre vœu doit-être déçu,

---

(1) On comprendra que le peu de temps qui sépare ces deux faits, autorise ce rapprochement moral.

nous l'aimons assez pour lui désirer l'exil, sa famille compte déjà trop de martyrs. Entre la liberté des cultes et l'intrusion d'un usurpateur quelconque, il n'est que la main ; entre cette usurpation et la démagogie, la distance est moindre encore : allons donc de suite au socialisme, mieux vaut le subir sur l'heure que de l'ajourner après quelques soleils. Le droit commun, ébauché en 1648, sera au moins tout d'une pièce, et la France n'aura pas un habit d'arlequin.

IV.

Cependant n'oublions pas qu'il y a un bon socialisme. En quoi tient-il à l'essence même de l'histoire ? Sommes-nous dans le vrai en lui assignant une place distinguée parmi les faits civilisateurs ? Questions difficiles qu'on ne peut résoudre sans froisser l'égoïsme tenace de beaucoup chez ceux qui s'intitulent les hommes d'ordre, et sans prêter par suite aux anarchistes un appui qui encourage leur audace, loin de la contenir dans les limites du possible.

Mais la conscience ne doit point tenir compte de l'émotion des injustes et de la perfidie des infâmes. Dussions-nous alarmer le bien-être et donner prétexte à l'envie qui veille sa proie sur le seuil du riche, nous dirons ce que nous croyons essentiel de dire. Si la fortune se sent coupable, pourquoi s'indignerait-elle ? Si le vol s'appellera toujours vol, pourquoi la misère s'autoriserait-elle de la vérité pour courir au crime ? Comment, après tout, sortir de l'impasse où nous sommes, si l'on mure la seule porte par où l'on puisse battre sûrement en retraite ?

L'individu et la société datent du même jour.

La société parfaite serait celle qui offrirait à l'individu de quoi développer abondamment la vie de l'âme et du corps dont elle est le foyer alimentaire : c'était le rêve de Dieu en créant l'homme sociable. Qu'elle soit aujourd'hui capable ou non d'y atteindre complètement, la société est toujours obligée d'y tendre.

Le pouvoir étant l'élément constitutif de la société, l'élément qui la mène à la réalisation de l'idéal qu'elle poursuit, les obligations de la société sont les siennes. Que ce pouvoir s'appelle république ou monarchie, peu importe au fond des choses, les noms diffèrent seuls, l'essence du pouvoir est indépendante de sa forme politique.

S'il est vrai que la monarchie doive être *socialiste* aussi bien que la république, il est aussi incontestable que les droits du pouvoir sont les mêmes sous la république que sous la monarchie. N'oubliez pas que le pouvoir fait partie de la création, qu'il est contemporain du premier jour de l'homme. Il a une sphère tracée de Dieu, une sphère indépendante. Qu'il soit exercé par un seul ou par plusieurs, à courte échéance ou sous la loi de l'hérédité, peu importe encore au fond des choses, la forme seule subit l'influence de l'homme. Ne nous en plaignons pas, la cause du pauvre gagne à cette indépendance. Ce n'est plus en effet sous la pression des hommes, c'est au nom de sa nature que le pouvoir doit exister pour tous et n'être le monopole d'aucun. Le cercle de ses droits, c'est le cercle de ses devoirs agrandi de la puissance de puiser à l'entour les moyens d'accomplir sa tâche sociale.

Qui lui fournira ces moyens? Le développement de la liberté individuelle sous tous ses aspects.

La liberté naquit dans le même berceau que le pouvoir, car si l'homme naquit sociable, il naquit libre. La liberté à donc des droits et des obligations de naissance aussi légitimes, aussi irrésistibles sous une monarchie que sous une république.

Les droits de la liberté sont les droits de l'individu. Ils sont sacrés, en quelque sorte divins. S'il y avait une différence entre eux et les prérogatives du pouvoir, elle serait à leur avantage. Remarquez que Dieu forma la femme d'Adam : la société sort pour ainsi dire de l'homme ; elle est sa substance, elle existe pour lui. Il n'est donc pas étrange de mettre les droits de l'individu au niveau des droits du pouvoir. Ainsi l'individu peut se développer selon sa nature, ses talents divers, il sera sans obstacle publiciste, poète, ou s'il est des moins doués, il maniera l'outil, il martèlera l'enclume : quel qu'il soit, il peut se former dans le royaume de tous un petit royaume qui concrète, si je puis dire, sa personnalité, son *moi*. Le monde extérieur est le foyer de sa double vie (1) : il faut bien qu'il établisse entre lui et ce monde le commerce qui maintiendra son existence ; il faut bien que ce commerce lui soit rendu facile par la société. Les droits de la liberté, en un mot, sont les obligations du pouvoir.

Mais en retour, les obligations de la liberté sont les droits du pouvoir. Si celui-ci doit à l'individu les moyens d'arriver à sa fin, chaque individu lui doit aussi sa quote-part des moyens nécessaires pour atteindre à la sienne, le bonheur de tous. Remarquez que pour se soutenir, la société a besoin d'emprunter aux propriétés et aux intelligences particulières. Sans doute, c'est un emprunteur magnifique qui paie ses dettes avec usure ; mais enfin c'est un emprunteur qui vit du tribut qu'il prélève sur la liberté. Nous disons qu'il a le droit de prélever ce tribut : voilà comment la liberté relève du pouvoir. Ici encore ne nous plaignons point. Ce n'est pas sous une pression tyrannique, c'est au nom de la grande loi de la solidarité humaine, comme au nom de ses

---

(1) Nous ne parlons que de l'homme considéré au point de vue *physique et intellectuel*.

intérêts les plus chers, que l'homme travaille pour la société. Ce qu'il donne, il le recouvre au centuple. Des rayons faibles, indécis qui lui viennent de tous les points de l'horizon, le pouvoir compose la lumière sociale qui, débordant à son tour, élève chaque esprit au niveau de l'intelligence universelle.

Il résulte de ce qui précède que plus on donne d'extension à la liberté, plus le pouvoir grandit, et que plus on accorde de latitude au pouvoir dans sa sphère, plus la liberté s'épanouit richement dans la sienne. Le citoyen et l'État ne peuvent que gagner à leur perfectionnement mutuel.

Il en résulte encore que la liberté est indispensable à la vie du pouvoir et réciproquement. Otez l'un de ces deux éléments à la société et elle périra.

Il en résulte enfin que les deux principes fondamentaux de l'ordre moral doivent avoir leur personnification dans les institutions nationales auxquelles ils communiqueront la vertu qui leur est propre. La monarchie et la république sont les personnifications du pouvoir, les assemblées délibérantes personnifient la liberté. Celle-ci, pour concentrer ses forces, ramasse ainsi en une unité collective les intérêts divers. C'est pourquoi chaque classe doit être représentée. Le progrès marche à pas sûrs quand les délégués du pays fixent eux-mêmes la quotité de la rétribution individuelle qu'on exige, et sont à la fois le conseil et le contrôle du pouvoir. C'est alors que l'État peut être comparé à l'univers physique où la force centrifuge modère elle-même l'attraction centrale pour produire avec elle l'harmonie des mondes.

Ainsi l'économie sociale repose sur un double rayonnement qui va du citoyen à l'État, pour redescendre ensuite. Qui pourrait en troubler l'admirable réciprocité? Certes, rien ne manque de la part de Dieu, pour qu'elle dure autant que le monde. Non-seulement le devoir et l'intérêt en sont les liens, mais, de plus, le pouvoir et la liberté ont le même idéal. Cet idéal est le vrai et le beau, or le vrai et le beau c'est Dieu : Dieu est donc l'idéal de la société et de l'homme ! Comment avec ces conditions d'être le choc se produirait-il entre les deux principes de la création morale ! Comment la civilisation ne volerait-elle pas d'une aile rapide, au milieu d'un peuple constitué de la sorte! Comment n'enfanterait-elle pas, aussitôt qu'éclose, le bonheur qui revient à chacun et à tous, selon le besoin des natures, sous une hiérarchie graduée d'après les seules différences que Dieu a mises lui-même entre les mérites et les vertus !

Mais cela n'est qu'un beau rêve. Dégradé dès le premier pas, l'homme porta le désordre dans l'œuvre divine. L'organe du pouvoir tâcha d'exploiter la liberté pour son usage, de là l'absolutisme et l'esclavage. La liberté lâchant la bride aux passions individuelles, tâcha de démembrer les gouvernements, de là l'anarchie. De là, enfin, entre les deux principes, ces luttes fraticides qui sont toute l'histoire de l'humanité.

Le pouvoir l'emporta chez les Romains, et la vie sociale s'affaissa avec la liberté. La liberté l'emporta chez les Germains, et l'état disparut avec le pouvoir. La lutte d'Etéocle et de Polynice s'engageait sur les rives du Danube et du Rhin, entre le pouvoir, représenté par l'empire, et la liberté germaine, l'humanité allait s'ensevelir dans un tombeau aussi vaste que leurs dernières fureurs, quand le christianisme se jeta entre les combattants, et s'offrit à ramener le monde vers l'idéal de Dieu.

La paix conclue entre le pouvoir et la liberté, au pied de la croix, telle est la base de l'histoire moderne. La civilisation nouvelle consistait donc à remonter le cours des âges pour reprendre le fil du progrès au jour où les deux principes fondamentaux s'étaient égarés dans leurs voies. Et cette course rétrograde, il fallait l'accomplir avec les éléments qu'on avait sous la main, c'est-à-dire, avec la licence, le colonat, l'esclavage, l'absolutisme romain et la fiction de la royauté germaine.

Ce n'est pas ici le lieu d'en raconter les phases ; il nous suffit de constater les pas en avant de la réformation libérale et d'en apprécier le caractère.

La licence eut pour école d'obéissance le lieu féodal, puis la juridiction royale, elle a maintenant la loi. En même temps le colonat devenait le servage, lequel est devenu le salaire. Ainsi, d'une part, la liberté s'est apprise à reconnaître les droits du pouvoir, de l'autre, elle remonte au niveau d'où elle était descendue ; elle obéit, mais elle possède, elle jouit de l'égalité civile, elle atteint à l'égalité politique : la possession de la terre, la propriété du travail, le bénéfice de la loi, l'aptitude aux fonctions publiques, sont accessibles à chacun et à tous. Bien plus, les assemblées délibérantes sont vraiment le conseil et le contrôle de l'État.

C'est beaucoup, c'est même un peu trop à certains égards, quant au suffrage universel, par exemple, car il ne suffit pas d'avoir des droits, il faut être *capable* de les exercer. Mais est-ce assez sous un autre aspect ? N'y aurait-il pas à règlementer le salaire, à le garantir par de bonnes lois de la tyrannie du capital ? Ne serait-il pas possible d'organiser la construction des édifices publics, l'entretien des routes, l'endiguement des rivières, etc., de manière à ce que l'état employât surtout les travailleurs les plus abandonnés ? Ne serait-ce pas continuer, de la sorte, le mouvement national d'affranchissement qui compte déjà douze siècles ? Ne serait-ce pas s'acquitter d'un impérieux devoir ? Qu'il ne faille plus raisonner sur le bonheur comme on raisonnerait, abstraction faite de la dégradation de l'homme, c'est fort bien ; mais, je le répète, l'état n'en est pas moins obligé à ce que je signale, selon la mesure de ses ressources.

L'ensemble des lois qui veilleraient à l'amélioration des classes ouvrières serait le corps du bon socialisme, du socialisme français, dont nous avons inscrit le nom en tête de ces pages. Ce socialisme est tout d'actualité ; ce qui le prouve, c'est le danger qu'il rencontre sur sa route. Mais évitera-t-il le danger, échappera-t-il a la démagogie qui l'absorbe déjà ? si l'obstacle qui l'entrave ne se lève de lui-même, ce serait un miracle.

Ce danger, nous venons de le dire, c'est la démagogie : la bourgeoisie est l'obstacle qui, forçant le bon socialisme de se détourner à gauche, amènera, si on ne se hâte, le triomphe des passions coalisées sous ce nom.

Je laisse à d'autres la tâche facile de caractériser la bourgeoisie sur ce chef. Tenez seulement pour certain que le mouvement qui inaugure toute révolution est ordinairement légitime. Il y avait quelque chose à faire quand Luther parut, puisque le concile de Trente l'a fait. Il y avait quelque chose à faire lorsque 89 commença la série des entreprises contre la royauté, puisque cette royauté se mit à l'œuvre dans le sens de la liberté. La fausse réformation, le faux libéralisme furent les symptômes d'une réformation et d'un libéralisme véritables. Il en est de même du faux socialisme. Que Rome ait échoué en cherchant à comprimer la course de l'hérésie par l'exécution des abus, que Louis XVI ait gagné l'échafaud à sa tentative généreuse, que la bourgeoisie soit réservée à une hécatombe lugubre, cela prouvera qu'il est quelquefois trop tard de réclamer un rôle qu'il aurait fallu ne jamais abdiquer. Mais cela ne prouve pas que Rome n'ait dû se frapper la poitrine sur la perte des plus riches fleurons de sa thiare : cela ne prouve pas que la noblesse n'ait pu s'avouer en mourant, qu'après tout, elle, l'aînée de la civilisation, avait abusé d'une position, gratuite par nature, pour prolonger indéfiniment à son profit la minorité de la bourgeoisie, sa pupille : cela ne prouve pas que cette bourgeoisie soit pure comme le ciel. Elle est coupable, ce n'est que trop sûr. J'en appelle au chrétien qui a sondé les classes infimes, où les rivaux nécessiteux abondent, où, par suite, le dur égoïsme a pu exploiter le plus librement la concurrence des misères. Ah ! si celui qui trace ces lignes voulait redire un peu de ce qu'il a vu de ses yeux ! Qu'un Eugène Sue fasse des drames faux et tourmentés, cela n'est pas étonnant : ce cœur blasé n'est pas digne de comprendre la douleur ; il a écrit sur le pauvre pour une coterie avec une plume d'or. Lui tremperait la sienne dans le trésor des véritables amertumes, et, s'il est encore des âmes neuves qui sachent pleurer, sa peinture simple, poignante comme l'angoisse, obtiendrait un triomphe de larmes. Oui, la bourgeoisie est coupable, oui, si le ruisseau social a vomi sa fange, c'est elle qui a fait bouillonner cette fange jusque par-dessus la tête de la France. Qu'elle succombe, même après de nobles efforts en sens contraire de ses anciens errements, cela prouvera, que le repentir, né de la menace du couteau ou de la spoliation, s'il absout les péchés quant à la coulpe, n'est pas suffisant toujours à éloigner la correction dans le temps, mais il est incontestable que le repentir est un devoir, que la réparation est une justice.

Je laisse également à d'autres le soin de peindre la démagogie. Je ne veux me préoccuper que des ressorts propres à écarter, et les passions qui sont l'obstacle, et celles qui sont le danger.

Qui désarmera la démagogie? La raison de la bourgeoisie, la raison de M. Thiers?

Je ne dirai pas que cette raison a tenu des langages divers suivant qu'elle a été médecin redouté des malades qui ne voulaient pas mourir, journaliste sans crédit, ou bien, député de son canton, et, surtout, gros propriétaire; que la sphère sereine de principes qu'elle déroule est quelque chose de tout particulier à sa position heureuse, à la quiétude de son bien-être; que l'homme d'ordre d'aujourd'hui est le démagogue de la veille, qu'il a démoli par avance, lorsqu'il jeûnait de la fortune, les arguments qu'il jette maintenant pour pâture à des cupidités éveillées au souvenir de la sienne. Je ne remarquerai point la docilité séculaire de la raison à embrasser les intérêts du jour. Je constate seulement que la raison du pauvre est à l'antipode de la raison du riche, et, une fois convenu que le paradis est une fiction et que tout bonheur est sur terre, je me demande, de ces deux raisons, quelle est la raison qui n'a pas tort?

Vous, propriétaire, vous dites : « L'homme a des facultés, cette propriété » est incontestable, il les exerce, et au bout de cet exercice il trouve la fortune, » cette fortune lui appartient évidemment. » Le prolétaire reprend ainsi votre argumentation et la complète. « Les facultés de l'homme sont les pourvoyeuses » de ses besoins. Voici l'économie de son être : la vie qui se dépense au jeu » des premières, se répare à la satisfaction des seconds ; or la vie a son foyer » dans la nature d'où elle vient, la nature a dû lui ménager de quoi se con- » server et grandir; donc, non-seulement l'exercice de ses facultés est une » nécessité, un droit naturel, mais ce droit au *travail* réalisera la propriété » *indispensable* à ses besoins. » Je sais bien que pour esquiver la difficulté, vous, propriétaire, vous partez du fait, vous dites : « J'ai 10,000 francs de » rente, je les ai loyalement gagnés par l'exercice de mes facultés, je les gar- » derai. — Vous prouvez par là « reprendra le prolétaire » que vous avez su » faire votre part dans la fortune commune, mais cela ne prouve point que » chacun n'ait droit à revendiquer celle qui lui revient. Et si, par une suite » de circonstances étranges, toute la richesse se trouve concentrée, comme » naguère les honneurs, entre les mains de quelques-uns, votre raisonne- » ment ne prouverait pas contre l'État qui, jaloux de répondre aux exigences » de son *droit*, vous rappellerait à vos *obligations* en prélevant sur votre » bien un tribut qui ramenât l'équilibre. »

Croyez-vous que le prolétaire raisonnerait plus mal que vous?

M. Thiers, dit-on, n'a pas été bercé sur les genoux d'une duchesse. Parti de la rue, il s'est fait lui-même ce qu'il est avec les cinq doigts de sa droite. M. Thiers est donc un travailleur parvenu — Je voudrais bien savoir ce que l'auteur du livre sur la propriété eût répondu à la censure ombrageuse qui, flairant le socialisme sous le revers des thèses de l'historien de la révolution, et peu édifiée de ses maximes de jeunesse, aurait coupé court à l'avenir que nous avons connu. Mon Dieu! il aurait répondu à peu près : « J'ai les facultés » de l'âme, ce sont là mes moyens d'alimenter la vie, j'ai donc le droit de » les exercer. Vous vous y opposez? vous tyrannisez la nature, et je suis » pour la révolution qui me donnera la liberté de la presse et le droit au tra- » vail de l'intelligence. » Eh bien! que dit l'ouvrier qui attend de la truelle ou de l'aiguille ce que M. Thiers attendait de la plume? Il dit : « Consacrez par » des lois le droit au travail pour moi comme pour le publiciste; émancipez- » le surtout d'une tutelle absorbante qui le rendrait illusoire. On a fait » assez pour la pensée, il est l'heure d'affranchir la main-d'œuvre. Le droit à » vivre du maçon est aussi sacré que le droit à vivre de l'écrivain. Ne vous » y trompez pas : toutes les lois que vous avez élaborées pour faciliter la » manifestation des esprits, ces presses, ces papeteries qui fonctionnent » nuit et jour au nom de la liberté d'écrire, c'est là le *socialisme intellectuel*, » l'avant-courrier de celui dont nous sommes les soldats. Vous l'avez arraché » par la force à qui l'exploitait. Songez-y et jugez de l'avenir. » Qu'objecte- rait M. Thiers?

Nous le disons avec franchise, nous ne trouvons pas de raison péremptoire dans l'argumentation bourgeoise contre le droit au travail. Et, comme de ce droit à certains autres la pente est rapide, nôtre esprit trébuche sur le sol brûlant qui s'appelle l'étude des facultés de l'homme et de ses droits. Nous sommes avec le bourgeois qui dit : « Le *mien* est justifié par l'existence du *moi*; » nous sommes avec le socialiste qui répond : « Le *moi* emporte l'exis- tence du *mien*; » et nous sentons l'épouvante courir dans nos veines, quand à cette conclusion du premier : « *Je garderai mes écus.* » le second s'écrie : « *Vous tyrannisez la nature, et je suis pour la révolution qui me garantira le droit de vivre.* »

Quel remède, d'autre part, employer pour redresser les errements de la bourgeoisie? Sera-ce la raison de la démagogie? Plaiderons-nous pour le bonheur universel? Evidemment non : Si la raison du pauvre n'est pas vaincue par la raison du riche, le riche non plus n'est pas réfuté. N'aurait-il que cet argument socialiste, le *moi emporte l'existence du mien*, cela suffirait pour justifier le titre de propriétaire. Quel sera donc le tiers désintéressé qui pro- noncera dans la cause pendante? Ce sera la guerre civile ou la solution qu'in- dique l'histoire.

Cette solution, la voici : retour à la monarchie héréditaire et au catholicisme; alliance intime de la monarchie catholique avec les classes laborieuses.

En revenant au catholicisme, la démagogie comprendra que ses prétentions sont un crime et une chimère. — Elles sont une chimère, car cette raisonneuse insensée oublie l'essentiel dans ses investigations humanitaires; elle oublie les suites de la faute adamique; elle argumente, comme si l'économie sociale n'avait pas été troublée dans son harmonie originelle. Maintenant, l'intelligence est obscure, le corps est faible : c'est là le paupérisme dont le paupérisme social n'est que le reflet nécessaire, fatal, comme la cause qui l'engendre. — Ces prétentions sont un crime, parce que s'élever contre la punition divine qui pèse sur le monde, c'est une folie, c'est l'athéisme en pratique.

En revenant au catholicisme, la bourgeoisie comprendra que, *s'il y aura toujours des pauvres*, c'est le châtiment temporel d'un péché qui est le sien comme celui de l'infortune; elle gémira sur le sort de millions d'hommes qui par naissance ont droit à jouir comme elle; elle ne s'opposera pas à l'État qui, continuant l'histoire, la ferait contribuer largement à l'émancipation *possible* de la misère. La charité, cette sœur cadette de la justice, naquit comme une espérance de la peine portée contre le genre humain. Dieu en fit une vertu, un devoir. En disant à ceux-ci : « Vous serez pauvres. » Il obligea ceux-là à soulager leurs frères : la charité fut chargée de rétablir l'équilibre rompu; elle est un des rouages surajoutés au monde moral.

En revenant à la royauté héréditaire, bourgeois et démagogues reconstitueront le gouvernement qui peut seul, en logique, réaliser le bon socialisme, l'orléanisme, la république ayant plus ou moins une tendance d'origine vers l'anarchie.

En s'alliant intimement avec les classes laborieuses, le trône restauré sera avec ses auxiliaires les plus sûrs. Quand, pressé par une aristocratie turbulente, il voulut reconquérir l'aisance de ses allures, il s'appuya sur la bourgeoisie, il la favorisa grandement. Il y gagna comme on sait. Aujourd'hui l'aristocratie régénérée par le sang de ses martyrs, l'accompagne d'un pas fidèle. Mais la bourgeoisie inquiète et jalouse, a hérité de l'opposition féodale. Il n'y a qu'un moyen de la discipliner, c'est de la presser un peu entre le roi et le petit peuple. Heureusement que ce moyen est le devoir de la royauté : la logique exige l'avènement du bon socialisme.

C'est pourquoi nous eussions désiré que le parti royaliste, au lieu d'épuiser son temps et ses forces à une fusion problématique, eût abordé franchement les travailleurs de nos cités. La fusion par le haut, je le répète, n'est pas dans la logique de l'histoire, et on eut certainement gagné à suivre la marche de la monarchie du vieux temps. On eut arrêté l'ouvrier, on l'eut arraché aux influences perfides, en lui disant que son bien être, à lui, était le rêve, le but du trône légitime, et il ne serait pas convaincu que la république peut seule s'intéresser à son sort. D'ailleurs, comme tactique, une tentative pareille eût avancé vite la fusion de la bourgeoisie.

Enfin, si la Bourgeoisie ne s'amende et ne sacrifie pas au nom de la charité ce qu'elle refuse au nom de la justice, si les royalistes ne confondent pas leur cause avec la cause ouvrière, si, sourds aux leçons du passé, ces souteneurs du trône oublient que ce trône ne s'est élevé au-dessus des classes rebelles, ne les a rendues dévouées qu'en leur créant des rivales dans les classes infimes, je désespère que la civilisation suive son cours d'un pas pacifique, et je ne vois plus de possible que la guerre, l'affreuse guerre civile. Quelle destinée! Faut-il donc, ô Ciel, que le progrès de la veille soit l'entrave opiniâtre du progrès du lendemain! Il a fallu briser la féodalité, faudra-t-il que la bourgeoisie s'abîme dans un champ de carnage! Ah! si cette catastrophe menace, pourquoi m'en prendre au Ciel!...

Je conjure mon parti d'y réfléchir.

V.

Nous pouvons l'écrire maintenant : ce qui fait l'essence de chacun des partis étudiés, se suppose mutuellement loin de s'exclure : ce qui les sépare, ce sont des éléments hétérogènes, ce sont les faiblesses d'esprit, les passions cupides des hommes. Eclairez ces faiblesses, domptez ces passions et la fusion se fera d'elle-même.

Le lecteur peut déjà parcourir par l'esprit la route qui nous conduira à notre but. Jusqu'ici nous nous sommes uniquement servis d'une argumentation connue, pour deux causes : la première, c'est que nous désirions conserver aux thèses de notre synthèse ce qu'elles peuvent avoir de fraîcheur; la seconde, c'est que nous sommes convaincus qu'il y a dans le commerce intellectuel assez de vérités pour opérer le rapprochement. Le bon sens court les rues, c'est vrai à la lettre, et, comme il s'agit de sauver le peuple par lui-même, les donneurs de solutions ne sauraient s'appuyer trop sur la raison commune. Ils seraient sans doute moins neufs, mais ils seraient plus sympathiques, car ils seraient *français*. La solution ne *s'inventera* pas, elle se *trouvera* dans l'union des tendances historiques des masses. La forme, la méthode pourront bien distinguer le livre qui, coordonnant les éléments dispersés, les débarrassant de tout alliage impur, reproduira sur une même page l'image animée de la patrie, mais ce sera tout. Peut-il en être autrement!

La France possède donc ce qui devra la régénérer. Nous dirons même qu'elle n'a jamais été plus près d'atteindre à la perfection qu'aujourd'hui, la veille de sa dernière chute. Nous souhaitons qu'un pinceau plus vigoureux que notre palette timide lui représente ce qu'elle peut elle-même pour sa gloire, en refondant l'ébauche informe que nous annonçons sous ce titre, *Essai de Synthèse d'histoire.*

Ce travail sera divisé en deux parties, distinctes comme les membres d'une antithèse.

La première traitera de la vraie civilisation, elle se subdivisera.

D'abord nous exposerons directement notre synthèse : elle jaillira de l'étude attentive de l'homme *que Dieu a créé.* Voici le canevas de ce premier tableau :

Les faits primitifs sont ceux-ci : coexistence dans la créature de deux vies, la naturelle et la surnaturelle, sans consentement préalable de sa part ; création de deux réservoirs pour les alimenter, l'univers et la révélation ; création de deux milieux, la société civile et la société religieuse, pour mettre l'homme en rapport avec ses foyers vitaux, comme pour perpétuer sa race au point de vue de sa double vie ; alliance des principes de pouvoir et de liberté dans chacun de ses milieux (1).

L'homme lie relation, par la société civile, avec le vrai, le beau et le bon naturels, vie de l'intelligence, de l'imagination et du cœur. Il lie relation, par la société religieuse, avec le vrai, le beau et le bon surnaturels, vie de la foi.

Qu'est-ce que le vrai et le bon naturels ? C'est le reflet du vrai et du bon surnaturels.

L'univers est la création proprement dite, la révélation est la manifestation de l'intérieur de Dieu par un moyen créé. Par celle-ci, l'homme communie à la vie divine, par celui-là, il participe à une vie finie.

La vie divine par la foi, véritable entité, la vie finie par les facultés naturelles de l'âme et du corps, se sont jointes sans se confondre sous l'unité de personne dans l'individu. Voyez l'univers : il est écrit qu'il se meut dans Dieu ; le foyer de la vie naturelle est rattaché de la sorte par des liens aussi mystérieux que profonds au foyer par excellence de la vie de la foi, sans toutefois être Dieu. De même des vies qui en découlent dans le sujet qui se les approprie et les subjective. L'homme vit avec Dieu, il vit avec le monde, mais sa foi n'est pas sa raison ; chacune de ses facultés a une sphère propre, une sphère d'activité où elle règne en maîtresse par la vertu d'une force originelle. Dieu gouverne l'univers, je le veux bien, mais qui me contredira quand je soutiendrai que l'univers *se gouverne* par les lois que Dieu lui donne?

---

(1) La difficulté qui semblerait résulter de ce qui fut au commencement, à l'endroit des rapports des deux milieux, sera expliquée sans peine.

Ainsi, la foi gouverne la raison, si l'on veut, et cependant je dirai que la raison se gouverne elle-même. Il est aisé de s'entendre : l'idéal de la raison, c'est le reflet, comme le vestige, de l'idéal de la foi. La raison, par son essence, va donc à l'idéal divin, et, comme cet idéal pour l'heure est placé au-dessus des forces naturelles, la raison s'abandonnera, son domaine exploré, à la foi qui la ravira jusqu'au sein du paradis. La sagesse de ces philosophes prudents qui, pour réfréner la raison, la transforment en eunuque, approcherait-elle de l'admirable sagesse qui a dit à l'Esprit : « Voici ton domaine, » ton ciel, tes espaces, ouvre tes ailes et vole. Mais là-bas, à l'horizon, » commence une terre inconnue. O Esprit, s'il est vrai que ton cœur brûle » pour la vérité et la beauté, s'il est vrai que tu possèdes en germe le *sens*, » seul puissant à dissiper les ténèbres qui voilent le beau suprême sur le » continent obscur, laisse-toi guider sans crainte, au nom même de ton » essence. » J'aime mieux être l'esclave de ma foi en faisant acte de souveraineté, que d'être réduit, même à ce noble servage, de par je ne sais quel système de compression sans grandeur, et je trouve le Dieu qui me plie sous sa main, par la seule force de ma nature, autrement magnanime que le Dieu jaloux qui m'impose un joug que je ne saurais comprendre.

Les conséquences qui découleront de ces aperçus généraux seront celles-ci :

Le père et la mère, le prêtre sont les délégués du Créateur pour engendrer l'homme, ils remplacent Dieu. Or Dieu n'appela pas Adam au conseil qui décida sa naissance : c'est pourquoi l'homme ne discutera pas sa vie, il sera chrétien comme raisonnable, comme sensible : il pourrait tout aussi bien renoncer à l'intelligence, aller se mêler aux brutes qui paissent, et enfin se détruire, qu'il pourrait renoncer à la foi ; il serait insensé en maudissant le prêtre qui l'a baptisé *malgré lui*, à l'égal de celui qui demanderait à sa mère compte de sa conception. Rien ne recule devant cette logique désespérante, pas même le néant, et l'abandon de la vie spirituelle a généré le suicide. — La foi, l'esprit, l'imagination, le cœur, ces quatre conseillers de la volonté, convergent vers Dieu, pris dans deux états différents, comme créateur révélé sous une enveloppe sensible, et comme le souverain bonheur révélé immédiatement par lui-même : la philosophie complète, les sciences, les arts, s'appuieront sur la foi comme le monde s'appuie sur Dieu. Que l'artiste recueille dans la nature les couleurs les plus sympathiques à son rêve, cela doit-être, mais sa peinture, mais son chant réfléchira je ne sais quelle teinte céleste qu'ignorait Appelle, et que l'idéal chrétien seul inspire. En un mot, si l'homme, en devenant chrétien, reste l'homme, c'est-à-dire un être se gouvernant par ses lois, il est pénétré sur tous ses terrains par des influences divines qui modifient essentiellement ses conceptions.

Si nous passons ensuite à la société, comme la société c'est l'homme, il suffira d'abord d'appliquer ainsi les considérations précédentes :

La société doit être chrétienne par la loi de la naissanse ; chaque nation étant une personnalité collective, elle aura sa foi comme chaque individu ; de là la nécessité du culte national ; les rapports qui relient ensemble les institutions personnifiant le culte, le pouvoir et la liberté, seront analogues aux rapports qui relient dans l'homme la foi aux autres facultés : donc, indépendance radicale du pouvoir, et pourtant obligation infrangible d'avoir une politique chrétienne, avant tout et partout, obligation pour la littérature de subir la loi du baptême, etc. — Puis nous devrons encore discuter la durée de ces institutions quant à leurs formes. Sont-elles changeantes ? nous établirons le contraire, même en traitant la question au point de vue purement humain. Un peuple se compose de l'ensemble des générations qui ont vécu et vivront sous les mêmes lois. C'est pourquoi des institutions vraiment nationales sont au-dessus des caprices d'un siècle, puisqu'elles ne se rapporteraient autrement qu'à une partie de la durée, à quelques jours de la vie d'un peuple. Chaque génération, il est vrai, en passant sur la terre, doit pouvoir exercer sa liberté, et il faut qu'il y ait rapport entre ses besoins, ses lumières et l'institution qui représente le principe dont il s'agit. Mais si les formes fondamentales doivent offrir un caractère passager comme les générations qui se suivent, un caractère perfectible, elles doivent également rester immobiles comme la nation elle-même.

Telle sera notre économie sociale mise en regard de l'économie de l'homme.

Mais cette économie a été troublée par la faute d'Adam ; quelles sont les conséquences de ce trouble primordial ?

L'âme, le corps, le pouvoir, la liberté, tout a été atteint de la *concupiscence* dans ses organes. Ainsi le pouvoir est devenu tyrannie, la liberté s'est changée en licence, l'esprit n'a plus su voir même à sa lumière, et, lorsqu'il s'est agi de revenir à un état normal, dans un temps déjà loin, l'humanité était moralement incapable de l'entreprendre. De là la nécessité pour la foi, pour le culte, de faire invasion sur le champ de la philosophie, de la politique ; de là l'opportunité de l'absorption de l'homme dans le chrétien, de l'État dans l'Église, pour que cet homme, cet État se *ranimassent et redevinssent aptes à vivre*. Mais cette absorption était un accident, une nécessité temporaire, ce n'était pas le droit. Nil bienfaisant, le surnaturel débordait sur l'Egypte desséchée, il la couvrait de ses ondes, il l'impreignait de son généreux limon, mais pour rentrer ensuite dans son lit, en abandonnant le sol engraissé à la sève de sa fécondité reconquise.

Nous terminerons ici notre premier tableau. Dans le second nous en chercherons aux XIe, XIIe et XIIIe siècles de notre histoire, l'application dans les faits, nous verrons jusqu'à quel point la réalité a répondu à l'idéal. Le moyen-âge a été comme l'embryon sublime de l'épopée chrétienne, brisée par sa rivale, la fausse civilisation, quand à peine elle avait vécu son matin : là se dessinent les trois grands partis, les trois grands faits légitimes de notre nationalité. Quelle leçon doit en retirer l'ère comtemporaine, si elle sent la noble ambition de reprendre l'histoire où elle a été rompue ? En le disant, nous aborderons la polémique qui clôt notre synthèse, c'est-à-dire, la réfutation de l'ultramontanisme, du gallicanisme, de la liberté des cultes, de la liberté d'enseignement et des prétentions républicaines.

En résumé, les faits qui constituent la vraie civilisation française se groupent ainsi : L'Église gallicane, la monarchie héréditaire, la démocratie et la littérature, que nous serons contraints d'appeler *romantique,* faute d'un nom convenable. Châteaubriand personnifie ces quatre faits. Cet homme nous frappe moins par le génie que par le caractère, un et varié : comme la France, nous lui consacrerons, à ce point de vue, une étude morale qui sera comme le bouquet de notre synthèse.

Nous aborderons enfin notre seconde partie : elle traitera de la fausse civilisation ; cela convient ; en effet, la vérité devra gagner au contraste de l'erreur.

L'erreur d'ailleurs doit être soigneusement distinguée pour qu'on ne se méprenne plus à ses couleurs d'emprunt. Elle a eu et possède encore ses soldats, son empire. Il faut connaître ces soldats, cet empire. Au premier coup-d'œil sur le passé, on voit surgir devant soi deux séries de faits parallèles, toujours en guerre. La poésie affectionne d'encadrer de ses fictions la lutte de Dieu contre Satan, mais la fiction pâlit ici à côté du vrai : l'histoire est un poème épique autrement saisissant que la *Messiade ou le Paradis perdu.* Eh bien ! ce seront les faits qui forment la synthèse de l'erreur, que nous comprendrons sous le nom de fausse civilisation, en nous restreignant aux temps modernes.

Elle s'est surtout épanouie du milieu du xv⁰ siècle jusqu'à nous. Auparavant, elle n'avait procédé que d'une manière partielle. Alors elle se généralisa, elle opéra sur tous les théâtres.

Quelle en est la base ? Un publiciste de l'école nouvelle a pris soin de l'indiquer : « Le principe de la liberté de penser, le principe de toute philosophie, » la raison se prenant elle-même pour point de départ et pour guide, est une » idée essentiellement fille de l'antiquité, et complètement étrangère au christianisme. » Nous pensons comme lui. La souveraineté de la raison est donc une efflorescence païenne ; et, comme la civilisation moderne est fondée sur la raison, cette civilisation nous vient donc du paganisme. Qu'est-ce que le paganisme après tout, sinon la glorification de l'homme !

Cela posé, il est clair que la fausse civilisation est le développement outre mesure du côté naturel de la créature, l'absorption de la foi dans la raison, et qu'elle doit tendre à détrôner *Dieu* pour lui substituer l'*homme.*

C'est, en effet, la marche qu'elle suit. Dieu par l'Église régnait sur l'autel, il régnait par la monarchie sur le trône, il régnait dans la démocratie et dans les lettres. L'erreur travailla à le chasser de toutes ces positions; elle le chassa d'abord de la politique, en inspirant l'absolutisme; elle le chassa de la littérature, en inspirant la renaissance. Chassé de ses positions avancées, Dieu est attaqué sur son autel par la réforme, la philosophie, l'éclectisme, tandis que la démocratie, méconnaissant sa portée chrétienne, ne songe plus qu'à assouvir les passions charnelles d'un *moi* sans frein. Ainsi, la renaissance, l'absolutisme, la réforme, puis l'éclectisme et la démagogie, sont les phases successives de la fausse civilisation, phases qui s'engendrent, mais en se détruisant, en se dévorant elles-mêmes. La fausse civilisation n'établit rien, elle détruit tout.

Il nous sera facile, après comparaison avec l'étude précédente, de donner nos conclusions dernières.

Tel est en raccourci notre travail, nous l'avons traité selon nos facultés, abandonnant le mieux à qui voudra nous suivre. Peut-être, cependant, notre style aurait-il pu reculer plus souvent devant l'image qui plaît et la fleur qui attire. Quelques amis, classiques très-purs, se sont étonnés de notre manière d'écrire les choses sérieuses. Nous l'avouerons, nous craignons à notre tour, que l'enseignement païen des jeunes années ne déteigne trop sur le goût de l'âge mûr, et ne le fausse par conséquent La nature, on le sait, est une philosophie; il n'y a pas une feuille qui ne révèle une idée... N'est-ce pas en même temps un chef-d'œuvre de poésie et d'architecture? On peut dire que les idées divines chantent, bruissent avec l'oiseau, avec les brises : il n'en est pas une seule qui n'ait sa forme poétique, parce qu'il n'en est pas une seule qui ne soit belle : la montagne la plus nue se colore du reflet bleu de la bruyère. S'il en est ainsi dans l'œuvre du créateur, s'il est impossible de remuer une des touches de cet immense clavier sans en faire jaillir une idée, et ensemble, une note mélodieuse, un chant de poésie, je demande à mes amis, qui s'éloigne le plus de la nature, d'eux ou de moi? L'homme, n'est pas Dieu, c'est vrai, mais enfin il est créé à sa ressemblance, il doit l'imiter, les arts, les sciences sont sa création, à lui: pourquoi donc les arts ne se confondraient-ils pas, dans une certaine mesure, avec les sciences, pourquoi, parce qu'on est philosophe, cesser d'être poëte?

VI.

Singulière époque que celle où je vis! Toutes les voies ont été foulées à droite et à gauche, on a touché à toutes les vérités, on a promulgué tous les mensonges, il y a eu l'exagéré partout, et nous sommes précisément à l'antipode du temps où le surnaturel, disent de maladroits apologistes, régnait en maître : aujourd'hui, c'est la raison qui est souveraine, comme après les invasions, les éléments sociaux sont dispersés, ils suivent des bannières différentes, l'unité n'est nulle part, c'est le cahos.

S'il est vrai que l'ordre naquit au commencement de l'époque moderne de l'alliance conclue entre le pouvoir et la liberté au pied du Calvaire, s'il est vrai que de cette alliance naquirent en France la stabilité de la monarchie héréditaire et le développement de la démocratie, je vous défie, ô rêveurs, d'organiser le cahos, si vous ne pliez votre orgueil sous la règle des traditions.

S'il est vrai que la nationalité française n'ait fait que déchoir du jour où la renaissance et l'absolutisme se sont ligués pour reléguer Dieu sur un autel solitaire, s'il est vrai que le traité de Westphalie soit le générateur de toutes nos ruines politiques, je vous défie, ô hommes d'ordre, d'étayer un trône restauré sur la liberté des cultes et l'indifférentisme religieux.

Eh ! que voulez-vous donc qu'on fasse, dira-t-on ? n'êtes-vous pas vous-même un rêveur. Regardez et sachez vous contenter du possible.

Je pourrais répondre que si la situation est critique et nullement au niveau du remède qui nous sauvera seul, ce n'est pas la faute de Dieu, mais de l'homme, mais du Français qui a abusé de quatorze siècles de grâces. Je pourrais répondre que Dieu est en DROIT D'EXIGER CE QUI DOIT ÊTRE, il n'a pas prodigué les grâces d'élite à son Église au berceau, pour que l'humanité ne se mît pas de moitié avec lui dans son œuvre, afin de la maintenir dans le temps ; et s'il est toujours le Dieu des miracles, c'est téméraire d'en attendre quand on est coupable. Mais je m'arrête... Non, Dieu ne nous abandonnera pas, ô mon pays, tu vivras encore ! Mais que du moins rien ne soit conclu de contraire aux principes, qu'on ménage l'avenir, et qu'on n'accepte le présent que comme une nécessité douloureuse.

Catholiques, royalistes, démocrates chrétiens, vous ne reconstruirez la société française qu'à ce prix, car autrement vous auriez toujours contre vous le Ciel. Puissiez-vous le comprendre et vous donner la main ! Vous répétez chaque jour qu'on ne fera rien de durable sans vous. Mon Dieu ! ne le répétez donc pas si souvent, et veuillez nous guérir tout de bon.

ELIE BERTON,

Professeur d'histoire.

Ce 20 juillet 1852.

Nantes, Imprimerie de Ch. GAILMARD, rue du Pas-Périlleux.